BÊTES

Antoine Brin • Lionel Valladares
Illustrations d'Anne Eydoux

MILAN
jeunesse

SOMMAIRE

CRUSTACÉS, ARACHNIDES ET CIE... 7

LES COLÉOPTÈRES 13

LES DIPTÈRES ET LES HYMÉNOPTÈRES 31

LES LÉPIDOPTÈRES 41

AUTRES INSECTES 49

COMMENT UTILISER CE GUIDE ?

Prêt pour partir à la découverte du monde des petites bêtes ? Prends un filet et une boîte transparente pour les capturer et les observer. Ne les garde pas trop longtemps enfermées et, surtout, relâche-les là où tu les as trouvées. Pour certaines espèces, tu n'auras même pas besoin de les toucher. Elles se laissent regarder si tu les approches doucement.

Pour identifier une petite bête, regarde sa forme générale et compte bien le nombre de pattes. En t'aidant des clés d'identification (page 6), tu pourras savoir dans quel chapitre tu as le plus de chance de trouver l'espèce que tu as sous les yeux. Vérifie bien tous les détails pour être sûr de ne pas faire d'erreur.

CLASSE ET ORDRE

Toutes les espèces qui ont des points communs appartiennent à une famille. Les familles qui se ressemblent forment un groupe qu'on appelle « ordre » et les ordres qui ont certaines caractéristiques communes sont rassemblés dans un groupe appelé « classe ».

NOM FRANÇAIS ET NOM SAVANT

Chaque espèce possède un nom savant, composé de deux mots en latin. C'est le même dans tous les pays. Le nom français, également appelé nom vernaculaire, est plus simple à retenir, mais une même espèce peut en avoir plusieurs. Il arrive aussi qu'un seul nom français désigne plusieurs espèces.

Les petites bêtes diurnes sont actives le jour ; les nocturnes sont actives la nuit.

PÉRIODE D'OBSERVATION

La période d'observation d'une espèce est fortement influencée par les conditions météo qui peuvent expliquer des variations d'une région à l'autre et même d'une année sur l'autre.

Pour chaque espèce, tu trouveras…

son nom français

son nom en latin

une fiche d'identité

sa classe

son ordre

sa période d'activité (nocturne ou diurne)

sa taille

la période à laquelle tu pourras l'observer (indiquée par des points en couleur)

l'endroit où tu as le plus de chance de l'observer

LES PETITES BÊTES À LA LOUPE

Au-delà de leur petite taille, tous ces animaux ont un point commun : ils n'ont pas d'os comme toi mais un squelette externe. Les scientifiques les ont appelés arthropodes. On utilise des mots précis pour parler d'eux. Voici les principaux termes que tu trouveras dans ce guide.

LE CYCLE DES INSECTES

Chez les insectes, avant d'être un adulte, les individus sortis de leur œuf sont appelés des larves.

Les insectes holométaboles

Pour certaines espèces, la larve ressemble beaucoup aux parents et se nourrit comme eux. Elle grandit par étapes, appelées mues, au cours desquelles l'insecte change de peau. Il acquiert ainsi progressivement toutes les caractéristiques d'un adulte.

Les insectes hétérométaboles

Chez d'autres espèces, la larve est en revanche totalement différente de l'adulte. Elle se transforme en une seule étape, la nymphose. Pour ce faire, la larve arrête de s'alimenter et s'immobilise en s'abritant dans une enveloppe aux formes diverses qui porte le nom de pupe, chrysalide ou nymphe selon les espèces. Le plus souvent, le régime alimentaire et le lieu de vie de ces larves diffèrent beaucoup de ceux de l'adulte.

Les juvéniles

Pour les autres arthropodes, comme les araignées, il n'y a pas de transformation. On parle de juvéniles pour les nouveau-nés plutôt que de larves.

LES CLÉS D'IDENTIFICATION

Tu as repéré une petite bête et tu veux l'identifier ? Commence par répondre aux questions suivantes, dans l'ordre. Cela te permettra de déterminer le chapitre où tu peux la retrouver.

QUESTION 1

Ta bête a-t-elle plus de 6 pattes ?

Oui : voir le chapitre « Crustacés, arachnides et cie... » (page 7)

Non : aller à la question 2

QUESTION 2

Ses ailes sont-elles visibles lorsque l'insecte est au repos ?

Oui : aller à la question 7

Non : aller à la question 3

QUESTION 3

Son allure générale est-elle semblable au dessin ci-dessous ?

Oui : voir le chapitre « Les diptères et les hyménoptères » (page 31)

Non : aller à la question 4

QUESTION 4

Ton insecte est-il « sauteur » (a-t-il des pattes arrière très développées) ?

Oui : voir le chapitre « Autres insectes » (page 49)

Non : aller à la question 5

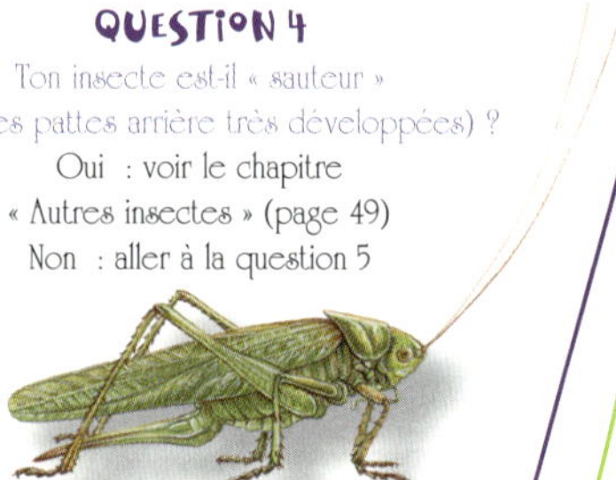

QUESTION 5

Corps allongé et présence de cerques à l'extrémité de l'abdomen ?

Oui : voir le chapitre « Autres insectes » (page 49)

Non : aller à la question 6

QUESTION 6

Son allure générale est-elle semblable à l'un des dessins ci-contre ?

Oui : voir le chapitre « Autres insectes » (page 49)

Non : voir le chapitre « Les coléoptères » (page 13)

QUESTION 7

Son allure générale est-elle semblable à l'un des dessins suivants ?

Voir le chapitre « Les lépidoptères » (page 41)

Voir le chapitre « Les diptères et les hyménoptères » (page 31)

Voir le chapitre « Autres insectes » (page 49)

CRUSTACÉS, ARACHNIDES ET CIE...

- LE FAUCHEUX
- LA TÉGÉNAIRE
- LA PUCE DE SABLE
- LE CLOPORTE
- LA SCUTIGÈRE VÉLOCE

LE FAUCHEUX

Opilio sp.

Aisément reconnaissable avec ses 4 paires de pattes fines et très longues, le faucheux est parfaitement inoffensif pour l'homme. Il est même utile puisqu'il se nourrit de petits animaux. Il complète son repas avec les divers déchets de nos cuisines. Contrairement aux araignées, il ne tisse pas de toile avec de la soie et son corps n'est pas divisé en 2 parties.

- Classe des arachnides
- Ordre des opiliones
- Nocturne
- Longueur : 50 mm

Son autre nom est l'opilion.

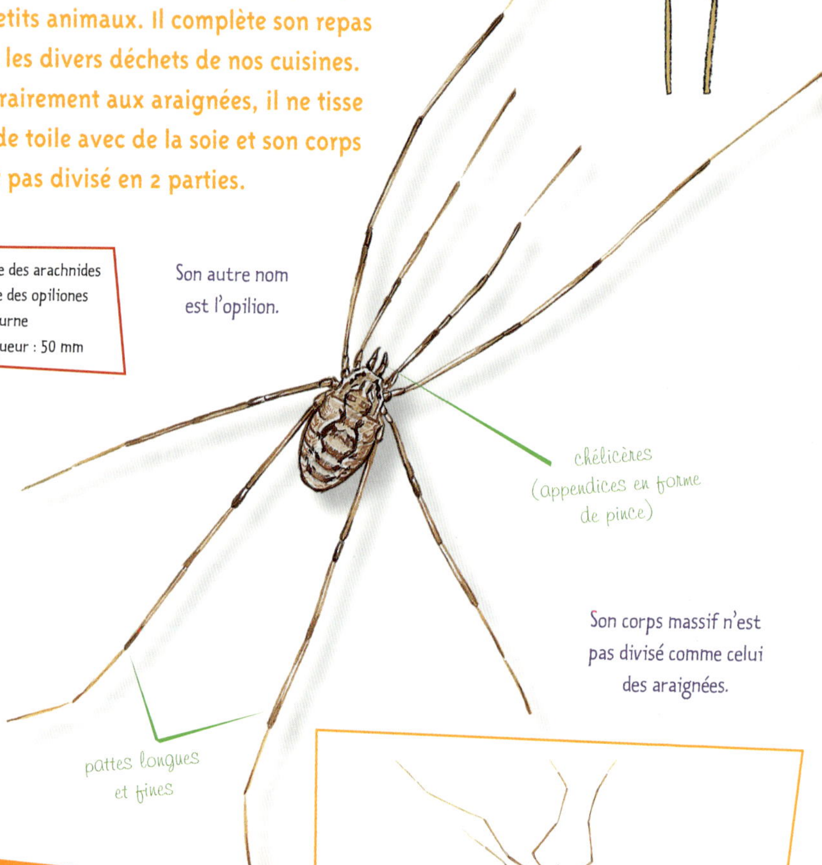

Son corps massif n'est pas divisé comme celui des araignées.

LE SAVAIS-TU ?

Tu peux rencontrer un opilion auquel il manque une patte. Celle-ci s'est détachée lors de l'attaque d'un ennemi. L'opilion a préféré la sacrifier et s'enfuir plutôt que d'être entièrement mangé.

Compte ses pattes : il en manque une !

J F M A M J J A S O N D

- Sur les murs des maisons
- Plaines et collines

LA TÉGÉNAIRE

Tegenaria domestica

Cette grosse araignée velue est inoffensive pour l'homme. En regardant derrière les meubles situés dans les angles de ta maison, tu auras peut-être l'occasion d'observer son nid. Très dense et de forme triangulaire, sa toile est équipée d'un tube de soie formant comme un tunnel où la tégénaire passe la journée, à l'abri des regards. Elle sort la nuit pour dévorer les insectes qui se sont pris dans sa toile.

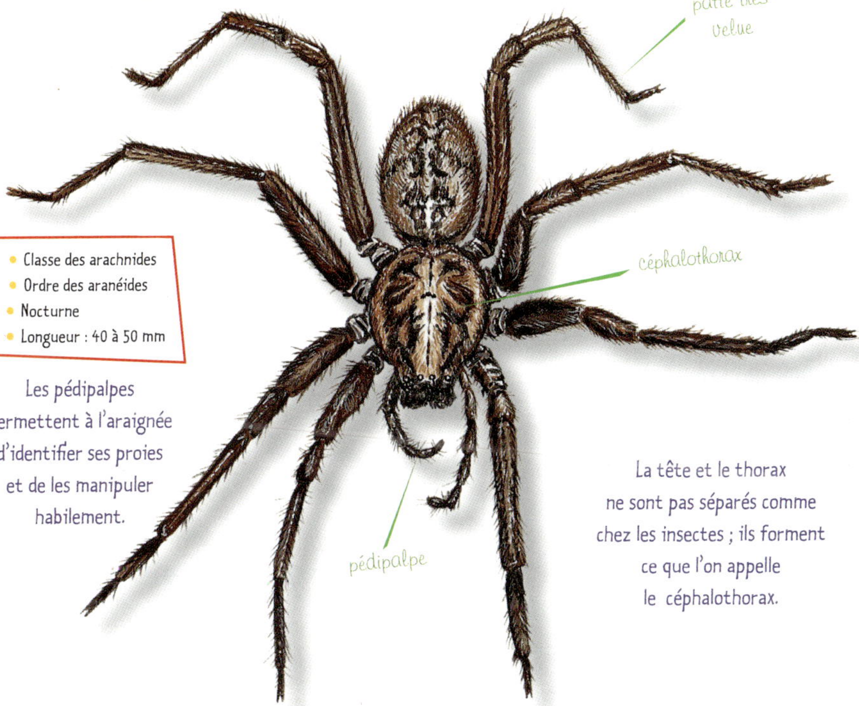

- Classe des arachnides
- Ordre des aranéides
- Nocturne
- Longueur : 40 à 50 mm

Les pédipalpes permettent à l'araignée d'identifier ses proies et de les manipuler habilement.

La tête et le thorax ne sont pas séparés comme chez les insectes ; ils forment ce que l'on appelle le céphalothorax.

LA TOILE
Elle est triangulaire et horizontale.

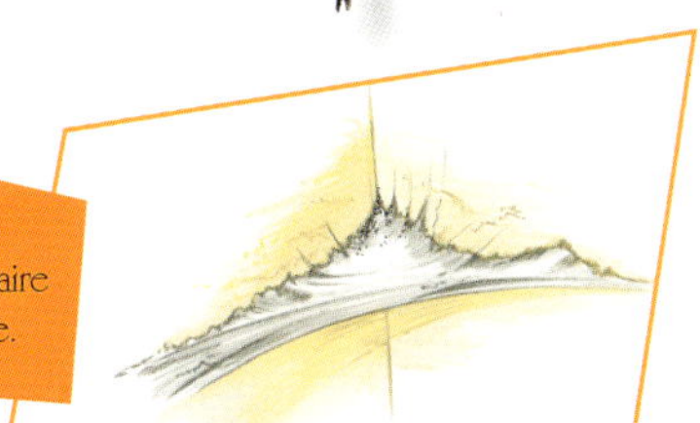

LE SAVAIS-TU ?
À l'automne, il n'est pas rare d'observer des individus loin de leur nid. Ce sont des mâles à la recherche de femelles ou des individus en quête d'un territoire.

J F M A M J J A S O N D

- Maisons
- Plaines et collines

LA PUCE DE SABLE

Talitrus saltator

C'est en soulevant des algues ou des débris échoués sur la plage que tu pourras observer cette espèce ressemblant à une toute petite crevette, mais bondissante. Tu peux la confondre avec d'autres espèces semblables, bien que moins communes. Ce discret nettoyeur des plages se nourrit de détritus et de zooplancton (des animaux minuscules que tu ne peux pas voir à l'œil nu).

Son autre nom est le talitre sauteur.

- Classe des crustacés
- Ordre des amphipodes
- Nocturne
- Longueur : 6 à 15 mm

Dans l'eau, ses pattes munies de griffes lui permettent de s'accrocher solidement aux algues.

Son corps est comprimé latéralement.

PRUDENTE...
La femelle garde les oeufs entre ses pattes jusqu'à leur éclosion.

EN EAU DOUCE
Également appelée « crevette d'eau douce », la gammare ressemble à la puce de mer. C'est un petit crustacé fréquent sous les pierres des eaux courantes, fraîches et aérées.

J F M A M J J A S O N D

- Plages
- Toutes les côtes sablonneuses

LE CLOPORTE

Porcellio scaber

Alors que tous les autres crustacés tels que le crabe, la crevette ou l'écrevisse vivent dans l'eau, le cloporte est un animal terrestre. Son mode de respiration le rend néanmoins très sensible au manque d'humidité. Tu ne le rencontreras donc jamais dans des endroits secs.

L'ART DE SE METTRE EN BOULE

En cas de danger, tous les cloportes s'enroulent sur eux-mêmes. Tu peux en faire facilement l'expérience. Il te suffit de le bousculer délicatement du bout du doigt. Tu le verras alors former une parfaite petite boule grise.

- Classe des crustacés
- Ordre des isopodes
- Nocturne
- Longueur : 10 à 15 mm

Un cloporte peut vivre jusqu'à 2 ou 3 ans.

Il existe 166 espèces de cloportes en France et leur identification n'est pas facile. *Porcellio scaber* est l'un des plus communs.

Le cloporte a 7 paires de pattes.

UN GOURMET

Il se nourrit principalement de bois pourri ou d'autres substances végétales moisies. Il apprécie également les vieux cartons ou les fruits et légumes déjà attaqués par d'autres animaux.

NE CONFONDS PAS !

En le retournant, tu verras que le gloméris a plus de 7 paires de pattes. Tu le rencontreras plutôt en forêt.

J F M A M J J A S O N D

- Presque tous les milieux frais
- Plaines et collines, sauf en zone méditerranéenne

LA SCUTIGÈRE VÉLOCE

Scutigera coleoptrata

Tu peux surprendre la scutigère chez toi, la nuit, en allumant la lumière. Elle s'enfuit alors rapidement pour aller se cacher. Elle recherche plus particulièrement les endroits humides.

- Classe des chilopodes
- Ordre des scutigeromorphes
- Nocturne
- Longueur : 25 à 40 mm

Ce prédateur redoutable paralyse ses proies à l'aide du venin émis par ses chélicères (sorte de crochets) fixés sous la tête.

LE SAVAIS-TU ?

La scutigère ne se contente pas d'être rapide : elle est capable de sauter d'un meuble ou d'effectuer un virage à angle droit pour trouver une cachette propice.

La scutigère a 15 paires de pattes… et pas une de plus !

NE CONFONDS PAS !

Le lithobie à pinces a des pattes et des antennes plus courtes.

À sa naissance, le jeune mille-pattes ressemble à ses parents mais il n'a que des ébauches de pattes. Celles-ci vont s'agrandir au cours de mues successives.

J F M A M J J A S O N D

- Maisons, forêts
- Plaines et collines

LES COLÉOPTÈRES

- LE LUCANE CERF-VOLANT
- LE RHINOCÉROS
- LA CÉTOINE DORÉE
- L'HOPLIE AZURÉ
- LE BOUSIER
- LE CRIOCÈRE DU LIS
- LE DORYPHORE
- LA CHRYSOMÈLE DU ROMARIN
- LA COCCINELLE À 7 POINTS
- LE CLAIRON DES ABEILLES
- LA CICINDÈLE CHAMPÊTRE
- LE CARABE DORÉ
- L'ŒDÉMÈRE NOBLE
- LE TÉLÉPHORE FAUVE
- LE STAPHYLIN ODORANT
- LE VER LUISANT
- LA GRANDE VRILLETTE

LE LUCANE CERF-VOLANT

Lucanus cervus

Le lucane est le plus grand coléoptère d'Europe. C'est au crépuscule, par les chaudes soirées de juin, que tu auras le plus de chances de le voir. À cette période, les mâles volent lourdement à la recherche des femelles.

LE SAVAIS-TU ?

Son nom provient du fait que les mandibules très développées du mâle rappellent les bois d'un cerf.

- Classe des insectes
- Ordre des coléoptères
- Crépusculaire
- Longueur : 25 à 85 mm

Les antennes sont coudées et terminées par de petites lamelles.

LA LARVE

La larve, qui peut mesurer jusqu'à 10 cm, vit dans le bois mort. Son développement dure de 4 à 5 ans. Cet animal est donc utile car il facilite la décomposition des vieilles souches, des racines mortes et des troncs tombés au sol.

NE CONFONDS PAS !

La femelle du cerf-volant ressemble à la petite biche. Mais celle-ci est plus petite, entièrement noire et à mandibules courtes, même chez le mâle.

J F M A M J J A S O N D

- Sur les chênes
- En plaine

LE RHINOCÉROS

Oryctes nasicornis

Malgré sa grande taille, cet insecte est totalement inoffensif. Sa biologie est proche de celle du lucane. Il vole à la tombée de la nuit et est souvent attiré par les lumières. Tu peux donc le trouver sous les lampadaires, en particulier au mois de juillet.

- Classe des insectes
- Ordre des coléoptères
- Crépusculaire
- Longueur : 20 à 40 mm

La femelle est dépourvue de corne.

LE CYCLE DU RHINOCÉROS

La femelle dépose ses œufs dans le bois pourri des souches d'arbres, des troncs au sol, ou encore au pied des graminées dans les dunes. La larve vit dans le bois pendant 1 à 2 ans avant de se transformer en adulte. L'insecte meurt quelques semaines plus tard.

J F M A M J J A S O N D

- Souches, vieux tas de sciure, dunes
- Plaines et littoral

LA CÉTOINE DORÉE

Cetonia aurata

Ce bel insecte aux éclats métalliques se nourrit de pollen, de nectar et de fruits mûrs, voire de sève d'arbre. Il fréquente notamment les rosiers, les sureaux, les chardons et les ombellifères.

- Classe des insectes
- Ordre des coléoptères
- Diurne
- Longueur : 14 à 21 mm

Certains individus peuvent être bicolores, le pronotum violacé et les élytres vert doré ou rougeâtre.

LA LARVE

Ressemblant à celle du lucane, elle se développe dans le terreau des arbres creux, les souches ou les tas de compost.

RUSÉE

Lorsqu'elle est dérangée, la cétoine dorée s'envole ou bien se laisse tomber au sol, simulant la mort, pattes et antennes repliées, en attendant que le danger s'éloigne.

J F M A M J J A S O N D

- Sur diverses fleurs, plaies d'arbres
- Plaines et montagnes

L'HOPLIE AZURÉE

Hoplia coerulea

Ce magnifique coléoptère d'un bleu étincelant se rencontre l'été près des cours d'eau. Le mâle se tient souvent en plein soleil, accroché à une herbe. La femelle en revanche est très difficile à observer, cachée au pied des plantes.

- Classe des insectes
- Ordre des coléoptères
- Diurne
- Longueur : 8 à 10,5 mm

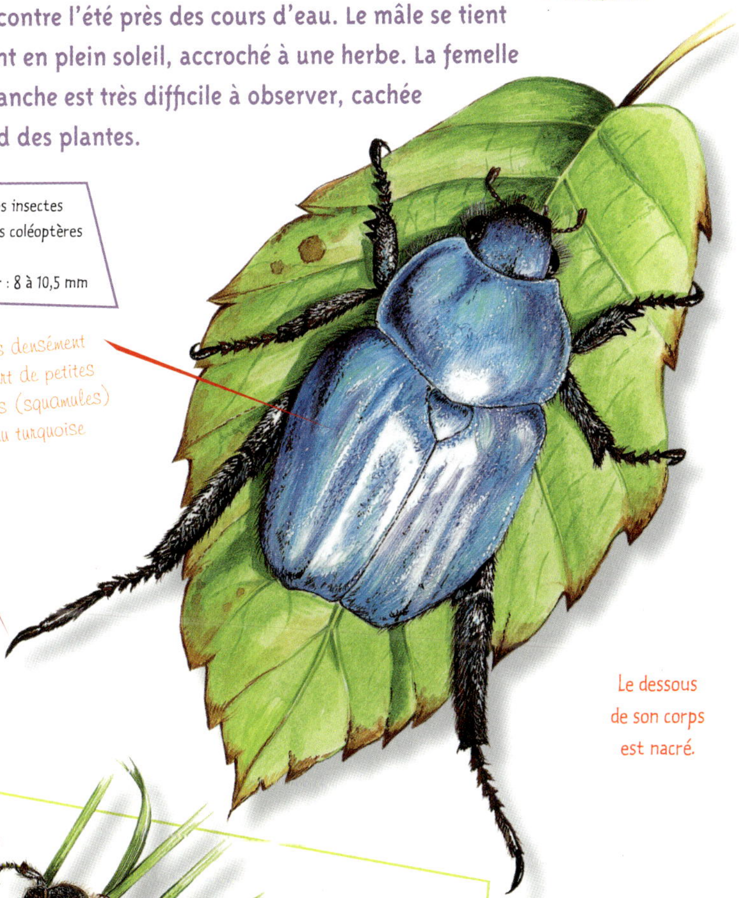

Le dessous de son corps est nacré.

La femelle a le corps finement couvert de squamules brunes.

UNE FEMELLE DISCRÈTE

Lorsqu'on peut voir la femelle, c'est le plus souvent en compagnie du mâle lors de l'accouplement.

J F M A M J J A S O N D

- Le long des cours d'eau
- Plaines

LE BOUSIER

Anoplotrupes stercorosus

Ce scarabée est très fréquent au printemps et à l'automne, plutôt en zone forestière, où il se déplace au sol à la recherche de bouses, de crottins ou encore de champignons. Il vole aussi très bien, le plus souvent à 1 ou 2 mètres du sol.

- Classe des insectes
- Ordre des coléoptères
- Diurne
- Longueur : 12 à 19 mm

Ses pattes fortement dentées lui permettent de creuser le sol ou les bouses.

LES COPROPHAGES

Les espèces qui se nourrissent d'excréments sont appelées « coprophages ». Elles jouent un rôle important dans la nature car elles participent au recyclage des déchets, en restituant au sol les éléments utiles au développement des plantes.

LE CYCLE DU BOUSIER

Les adultes font une galerie profonde sous la bouse, dans laquelle ils enterrent des excréments. La femelle pond ses œufs dans cette matière fécale qui servira de nourriture aux futures larves (en juin-juillet). Les larves s'y développent pour donner des adultes en mai de l'année suivante.

- Bois et prairies
- Plaines et montagnes jusqu'à 2 000 m

LE CRIOCÈRE DU LIS

Lilioceris liliiseptempunctata

C'est sur les lis des jardins que tu as le plus de chances de voir ce petit coléoptère rouge vif. Il se tient sur les feuilles de sa plante-hôte qu'il ronge.

SES PLANTES PRÉFÉRÉES

Ce petit insecte se trouve sur des plantes appelées liliacées, parmi lesquelles on trouve le lis, le muguet, le sceau-de-Salomon, l'ail, l'oignon, l'asperge…

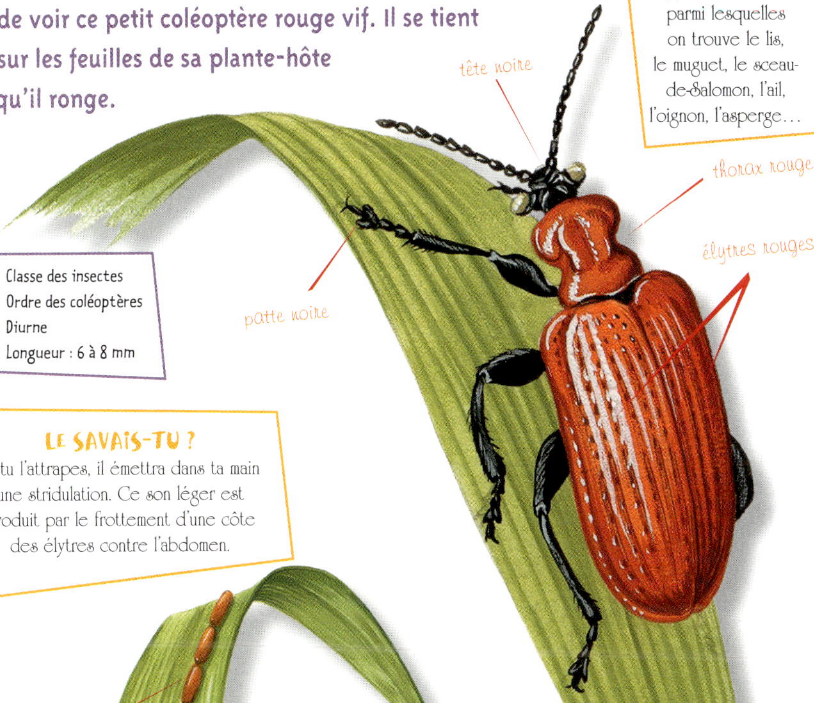

- Classe des insectes
- Ordre des coléoptères
- Diurne
- Longueur : 6 à 8 mm

LE SAVAIS-TU ?

Si tu l'attrapes, il émettra dans ta main une stridulation. Ce son léger est produit par le frottement d'une côte des élytres contre l'abdomen.

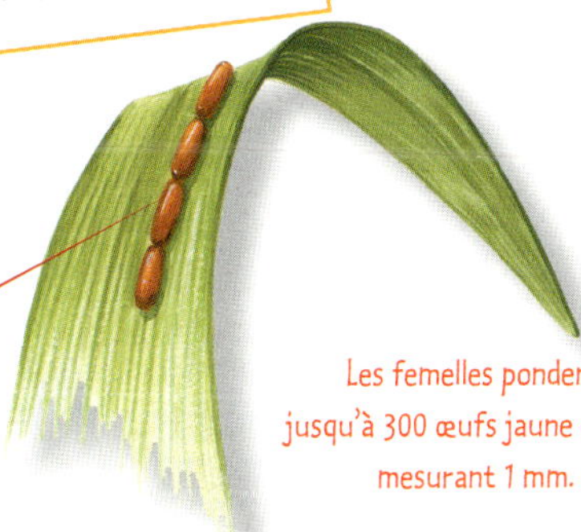

Les femelles pondent jusqu'à 300 œufs jaune orangé mesurant 1 mm.

LES LARVES

Elles dévorent les tissus des feuilles et se protègent en se recouvrant de leurs excréments.

J F M A M J J A S O N D

- Sur les liliacées
- Plaines

LE DORYPHORE

Leptinotarsa decemlineata

Les adultes aussi bien que les larves se nourrissent aux dépens des feuilles de pomme de terre et d'autres espèces de la même famille (solanacées) comme l'aubergine. C'est un ravageur qui peut causer de gros dégâts.

LES LARVES

Rose vif, tachées de noir, elles sont très voraces et peuvent entièrement défolier la plante. Au bout de 3 semaines, elles s'enfoncent dans le sol pour s'y nymphoser. Quinze jours plus tard sortira l'imago (autre nom donné à l'adulte).

- Classe des insectes
- Ordre des coléoptères
- Diurne
- Longueur : 8 à 12 mm

La femelle pond une centaine d'œufs sur la face inférieure des feuilles pour les protéger du soleil et de la pluie.

AMÉRICAIN

Ce coléoptère est originaire des États-Unis. Il a suivi l'expansion de sa plante-hôte, la pomme de terre, que l'on cultive aujourd'hui dans le monde entier.

LE HANNETON

Autrefois considéré lui aussi comme un ravageur nuisible à l'agriculture, le hanneton a été l'objet d'une telle lutte qu'il est devenu aujourd'hui une espèce rare dans bien des régions.

J F M A M J J A S O N D

- Sur les solanacées
- Plaines et montagnes

LA CHRYSOMÈLE DU ROMARIN

Chrysolina americana

Cette chrysomèle est très commune sur les massifs de lavande et de romarin, même sur ceux situés en pleine ville. Toutes les chrysomèles se nourrissent de plantes et arborent le plus souvent des couleurs éclatantes. On en compte 37 000 espèces dans le monde.

- Classe des insectes
- Ordre des coléoptères
- Diurne
- Longueur : 8 mm

Si tu la prends dans ta main, elle s'immobilise et fait la morte en repliant ses pattes et ses antennes.

LA LARVE

Petite et gris-noir, elle se nourrit des feuilles de romarin et de lavande. Elle va s'enfouir dans le sol pour se transformer en insecte adulte.

AUTRES CHRYSOMÈLES

Tu verras parfois d'autres espèces assez communes. En voici deux.

J F M A M J J A S O N D

- En ville, jardins, friches
- Plaines et montagnes

LA COCCINELLE À 7 POINTS

Coccinella septempunctata

coccinelle ocellée

La coccinelle à 7 points est la plus connue des 90 espèces françaises de coccinelles. C'est un terrible prédateur qui se nourrit de pucerons, de cochenilles, d'araignées rouges et d'autres parasites de plantes. Elle n'a pas beaucoup d'ennemis naturels car, menacée, elle exsude un liquide jaune répulsif, amer et caustique.

- Classe des insectes
- Ordre des coléoptères
- Nocturne
- Longueur : 6 à 8 mm

La juxtaposition des 2 points médians donne l'impression qu'il n'y a qu'un seul gros point.

La coccinelle à 7 points a en fait 4 points sur chaque élytre.

coccinelles à 2 points

Durant les 6 semaines que dure son développement, la larve de coccinelle va dévorer plusieurs centaines de pucerons.

LE SAVAIS-TU ?

Certains agriculteurs utilisent les coccinelles pour se débarrasser naturellement des pucerons et limiter ainsi l'utilisation d'insecticides.

LE CYCLE DE LA COCCINELLE

Après l'accouplement qui a lieu au printemps, la femelle pond sur une plante envahie de pucerons une centaine d'œufs jaunes environ. Une semaine après, ces œufs donnent naissance aux petites larves noires. Après plusieurs mues et environ trois semaines, la larve se transforme en nymphe. Huit jours plus tard, l'adulte jaune sort de son enveloppe et, en quelques heures, prend sa couleur définitive.

J F M A M J J A S O N D

- Sur les plantes
- Plaines et montagnes

LE CLAIRON DES ABEILLES

Trichodes apiarius

Le clairon des abeilles est un prédateur qui fréquente les fleurs sur lesquelles il chasse d'autres insectes ou se nourrit de pollen.

- Classe des insectes
- Ordre des coléoptères
- Diurne
- Longueur : 10 à 18 mm

NE CONFONDS PAS !

Trichodes alvearius est une espèce très voisine, souvent un peu plus grande, mais nettement moins fréquente. Chez cette dernière, l'extrémité des élytres est rouge.

LA LARVE

Sa larve rose se développe dans les nids d'abeilles où elle se nourrit de leurs larves.

J F M A M J J A S O N D

- Sur les fleurs ensoleillées
- Plaines et montagnes

LA CICINDÈLE CHAMPÊTRE

Cicindela campestris

Insecte très rapide au sol comme en vol, la cicindèle est un redoutable chasseur. À la recherche de petits insectes et de larves de toutes espèces, elle s'attaque à tout ce qui bouge. Dérangée, elle effectue un vol court pour se poser quelques mètres plus loin. Il te faudra de l'adresse pour en attraper une !

- Classe des insectes
- Ordre des coléoptères
- Diurne
- Longueur : 11 à 15 mm

Elle possède de puissantes mâchoires et de longues mandibules garnies de 4 dents aiguës.

Le mâle n'a pas de points noirs sur les élytres et ses tarses antérieurs sont plus larges.

LA LARVE

Elle aussi carnivore, elle s'abrite dans un terrier vertical où, à l'affût, elle attend qu'une proie passe à sa portée.

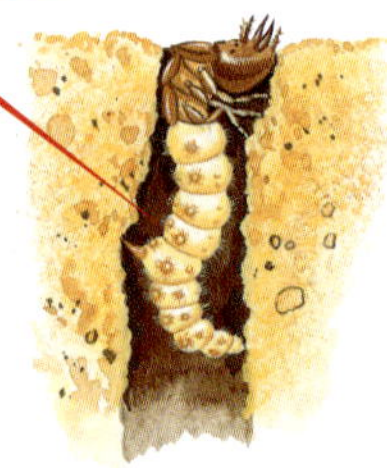

LE SAVAIS-TU ?

C'est un des premiers coléoptères à sortir dès les premières journées chaudes du printemps.

J F M A M J J A S O N D

- Talus, chemins et sentiers ensoleillés
- Jusqu'à 2 500 m, excepté le littoral maritime

Le carabe doré

Carabus auratus

La larve carnassière s'enfonce sous terre pour s'y transformer en adulte.

Ce beau coléoptère est un allié précieux des jardiniers car il dévore vers de terre, limaces, escargots ainsi qu'un grand nombre d'insectes nuisibles. Malheureusement, l'utilisation courante d'insecticides et d'antilimaces dans les jardins entraîne peu à peu sa raréfaction.

- Classe des insectes
- Ordre des coléoptères
- Essentiellement nocturne
- Longueur : 20 à 30 mm

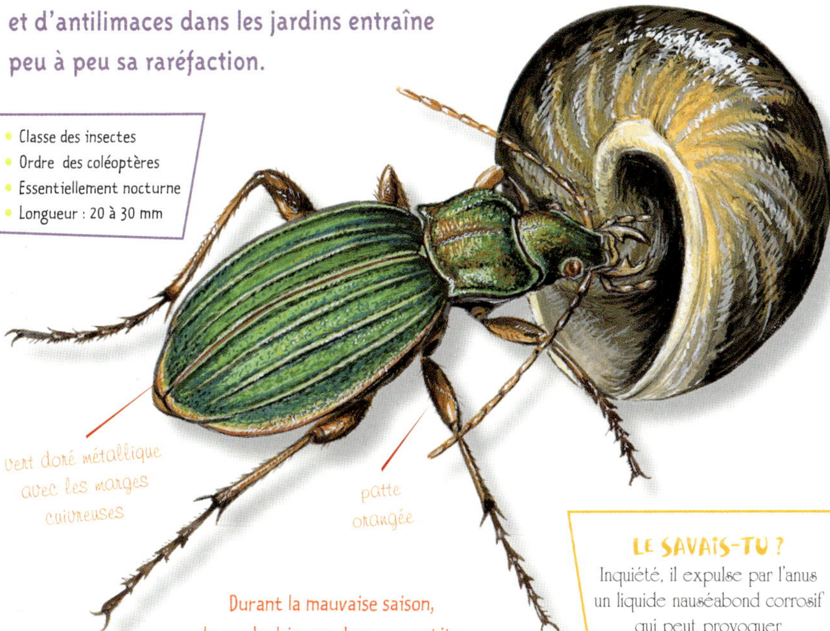

Le savais-tu ?

Inquiété, il expulse par l'anus un liquide nauséabond corrosif qui peut provoquer une sensation de brûlure.

Durant la mauvaise saison, le carabe hiverne dans une petite loge à l'intérieur des souches, des troncs pourris ou des talus.

Nombreux cousins

Le carabe doré appartient à une grande famille dont les membres s'abritent souvent sous les pierres, dans les champs ou le long des fossés comme le bombardier. D'autres, comme l'abax ou le carabe violacé, vivent en forêt et se réfugient sous les feuilles ou les mousses.

J F M A M J J A S O N D

- Champs, jardins et chemins ; sous les pierres
- Plaines et montagnes jusqu'à 1 500 m

L'ŒDÉMÈRE NOBLE

Oedemera nobilis

Ce coléoptère pollinisateur est reconnaissable à sa couleur vert métallique et à ses fins élytres divergents. Tu le verras surtout sur les fleurs, à la recherche du pollen dont il se nourrit.

- Classe des insectes
- Ordre des coléoptères
- Diurne
- Longueur : 8 à 10 mm

Au repos, les ailes sont repliées sous les élytres protecteurs, mais elles seules servent pour le vol.

Comme chez beaucoup d'insectes, les ailes postérieures sont fines et translucides.

LA POLLINISATION

L'œdémère est très utile car il transporte le pollen de fleur en fleur, assurant ainsi leur reproduction.

J F M A M J J A S O N D

- Sur les fleurs ensoleillées des jardins ou des prés
- Plaines et montagnes

LE TÉLÉPHORE FAUVE

Rhagonycha fulva

Tu observeras cette espèce dans les endroits ensoleillés, sur les fleurs en particulier. Elle y capture d'autres petits insectes et y trouve du pollen. Il n'est pas rare de tomber sur un véritable rassemblement de nombreux individus sur une même plante. Si tu regardes bien, tu verras que certains se montent les uns sur les autres pour s'accoupler.

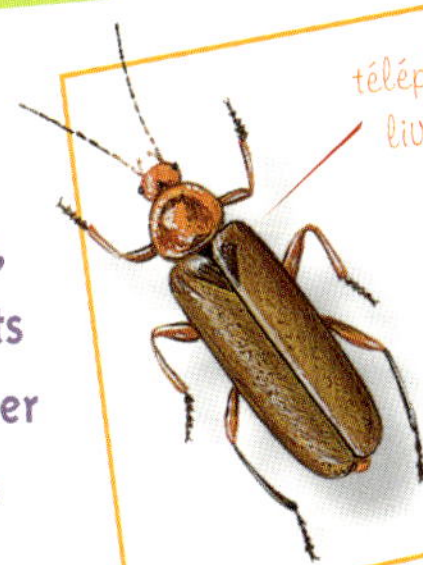

DANS LA MÊME FAMILLE

Le téléphore livide est une espèce proche, mais contrairement à celles du téléphore fauve, ses élytres n'ont pas de tache noire à leur extrémité.

- Classe des insectes
- Ordre des coléoptères
- Diurne
- Longueur : 7 à 10 mm

La larve, totalement noire, ressemble à un ver. Elle est prédatrice et vit à la surface du sol.

J F M A M J J A S O N D

- Champs, jardins et forêts
- Plaines et montagnes

LE STAPHYLIN ODORANT

Ocypus olens

On le rencontre presque toute l'année, caché sous les pierres, les débris végétaux ou parcourant les chemins à la recherche de limaces, d'escargots et autres petits invertébrés.

DANS LA MÊME FAMILLE

Paederus littoralis est une espèce banale répandue dans toute l'Europe. D'autres espèces proches partagent le même milieu : les berges de rivière.

- Classe des insectes
- Ordre des coléoptères
- Diurne
- Longueur : 20 à 32 mm

Tout comme les carabes, cette espèce peut émettre une odeur désagréable qui est à l'origine de son nom.

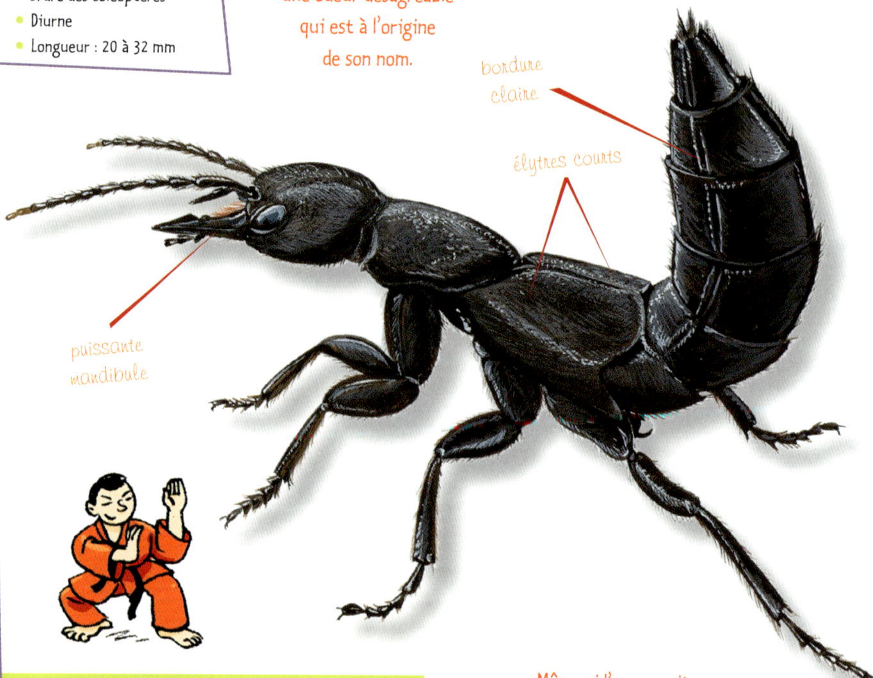

POSTURE DE DÉFENSE

Lorsqu'il se sent en danger, il adopte une attitude menaçante qui n'est pas sans rappeler celle du scorpion ! Toutefois il est inoffensif pour l'homme, et essaiera tout au plus de pincer avec ses mandibules fines et pointues.

Même si l'on ne voit pas leurs ailes cachées sous les élytres, les staphylins peuvent très bien voler.

J F M A M J J A S O N D

- Bois, prés, champs et jardins
- Plaines et montagnes

LE VER LUISANT

Lampyris noctiluca

Une discrète lumière vert-jaune intense bougeant parmi les herbes dans l'obscurité d'une chaude nuit d'été : c'est un ver luisant ! Ce sont souvent les femelles aptères (sans ailes) que tu verras émettre ce signal lumineux pour attirer les mâles qui, eux, volent très bien.

LE SAVAIS-TU ?

Les mâles et les larves sont eux aussi pourvus d'organes photogènes (qui produisent de la lumière).

- Classe des insectes
- Ordre des coléoptères
- Nocturne
- Longueur : 13 à 18 mm

Le ver luisant est aussi appelé lampyre.

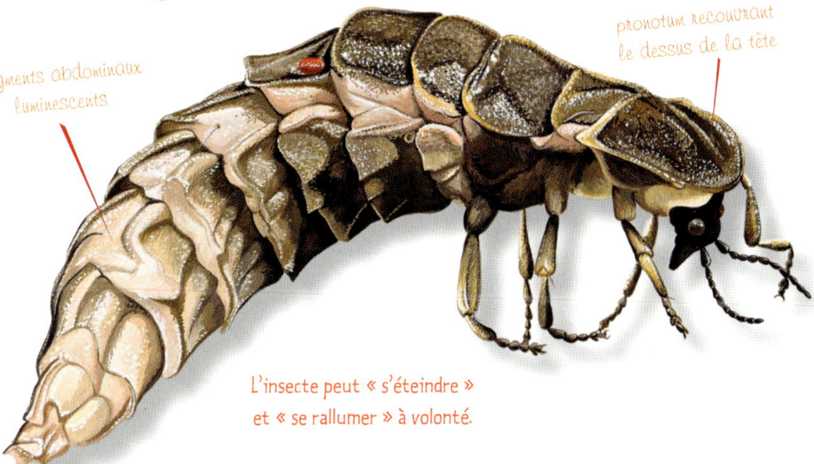

L'insecte peut « s'éteindre » et « se rallumer » à volonté.

LUMIÈRE FROIDE

La lumière émise est ainsi qualifiée car elle est produite par une réaction chimique complexe qui ne dégage aucune chaleur, contrairement à ce qui se passe dans le cas d'un feu.

J F M A M J J A S O N D

- Jardins, bois et prairies
- Plaines et montagnes

LA GRANDE VRILLETTE

Anobium punctatum

La présence de cet insecte discret est souvent trahie par les trous circulaires de 2 à 4 mm qu'il perce en sortant du bois. Il est appelé « l'horloge de la mort » en raison du bruit que les adultes produisent en frappant, à l'aide de leur tête, les parois de leur galerie.

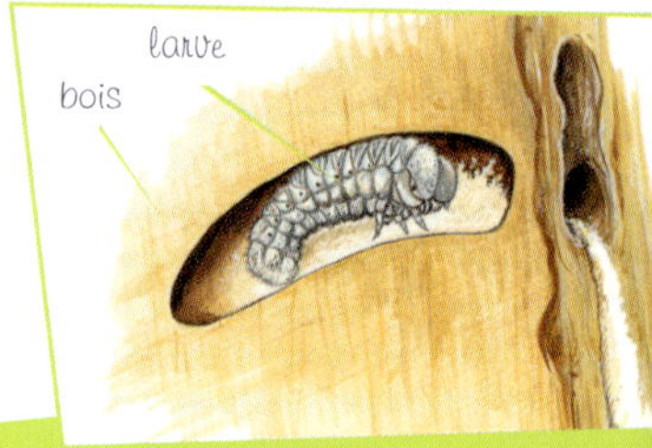

LA LARVE

La larve, d'un blanc crémeux, est xylophage, c'est-à-dire qu'elle se nourrit de bois. Son développement peut durer plusieurs années tandis que les adultes ne vivent que quelques semaines.

- Classe des insectes
- Ordre des coléoptères
- Diurne
- Longueur : 5 à 7 mm

Elle ne peut s'attaquer qu'à du bois déjà colonisé par des champignons. Sa présence est donc liée à un excès d'humidité.

LES TERMITES

Dans les maisons, les vrillettes ne sont pas les seules à s'attaquer au bois. Plus discrets, les termites vivent en société et se déplacent à l'abri de la lumière dans de petits tunnels de terre qu'ils construisent. Ils accèdent ainsi à leur nourriture, le bois, sans être vus.

NE CONFONDS PAS !

La petite vrillette est un proche parent qui peut s'attaquer aux planchers, aux charpentes et aux meubles. Les adultes ne présentent pas de petites touffes de poils sur leurs élytres et ils peuvent être observés jusqu'en septembre.

J F M A M J J A S O N D

- Maisons
- Plaines et montagnes

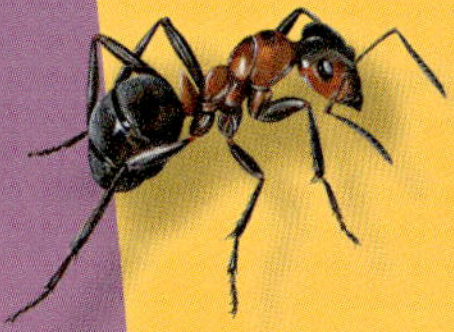

LES DIPTÈRES ET LES HYMÉNOPTÈRES

- LA MOUCHE DOMESTIQUE
- LE COUSIN
- LE TAON DES PLUIES
- LE SYRPHE À CEINTURES
- LA GUÊPE GERMANIQUE
- L'ABEILLE DOMESTIQUE
- L'ABEILLE CHARPENTIÈRE
- LE BOURDON DES PIERRES
- LA FOURMI ROUSSE

LA MOUCHE DOMESTIQUE

Musca domestica

Pas besoin de t'aventurer très loin : tu en verras forcément chez toi. Elle a mauvaise réputation et est éternellement chassée, car elle véhicule de nombreux microbes, mais tu pourras observer avec quelle minutie et quelle conscience elle se nettoie la tête, les ailes et les pattes.

ACROBATE

Tu remarqueras que la mouche peut se tenir la tête en bas, posée au plafond ou encore sur une vitre parfaitement lisse. Ses pattes adhésives lui permettent de réaliser cet exploit !

- Classe des insectes
- Ordre des diptères
- Diurne
- Longueur : 7 à 9 mm

Dès les premières belles journées, elle rentre dans les maisons pour chercher nourriture et chaleur.

Elle a 2 taches brun jaunâtre sur les côtés de l'abdomen.

AUTRES MOUCHES

Tu observeras facilement la mouche bleue, qui est attirée par la viande ou le poisson. La mouche verte, elle, adore les charognes et les excréments.

CYCLE DE LA MOUCHE

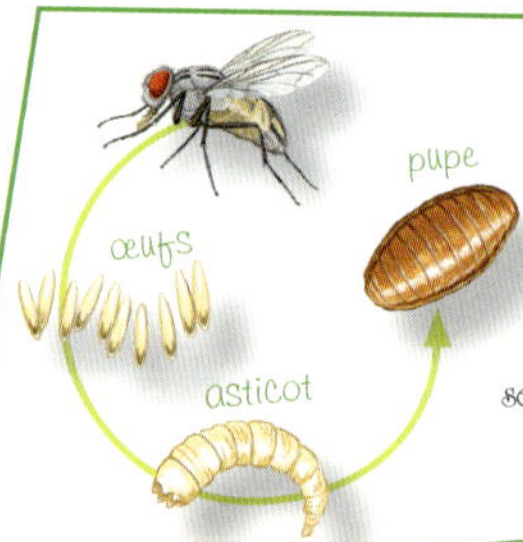

La femelle pond ses œufs dans les substances humides en décomposition. Ils donneront naissance aux asticots (les larves). Au bout d'une semaine, ceux-ci se transforment en adultes à l'intérieur d'un petit cocon appelé pupe.

J F M A M J J A S O N D

- Tout type d'endroit
- Plaines et montagnes

LE COUSIN

Tipula sp.

Ce nom est donné à plusieurs espèces difficiles à distinguer les unes des autres. Certaines s'aventurent dans nos maisons où tu peux les voir voler contre la fenêtre. Elles sont inoffensives pour l'homme.

- Classe des insectes
- Ordre des diptères
- Diurne
- Longueur : 15 à 25 mm

POUR LE VOIR

En pleine nature, tu auras plus de chances de l'observer le matin ou juste avant le coucher du soleil. Il vole généralement par temps calme.

Certaines espèces de cousins sont considérées comme des ravageurs de cultures telles que la betterave ou les céréales.

LA LARVE

La larve ressemble à un gros ver gris. Elle vit dans les sols humides et apparaît en surface la nuit ou lors de journées très pluvieuses.

Un l'appelle aussi tipule.

NE CONFONDS PAS !

Le moustique est beaucoup plus petit, il mesure moins de 10 mm. Seule les femelles se nourrissent de sang et peuvent par conséquent te piquer.

Les balanciers permettent de coordonner les mouvements des ailes et de stabiliser le vol.

J F M A M J J A S O N D

- Cultures, maison, jardins, vergers, bois humides
- Plaines et collines

LE TAON DES PLUIES

Haematopota pluvialis

Cet insecte voisin des mouches est fréquent à l'orée des bois, par temps orageux, à la recherche de sang dont la femelle se nourrit. Faute de bétail, il s'attaque volontiers à l'homme.

- Classe des insectes
- Ordre des diptères
- Diurne
- Longueur : 8 à 12 mm

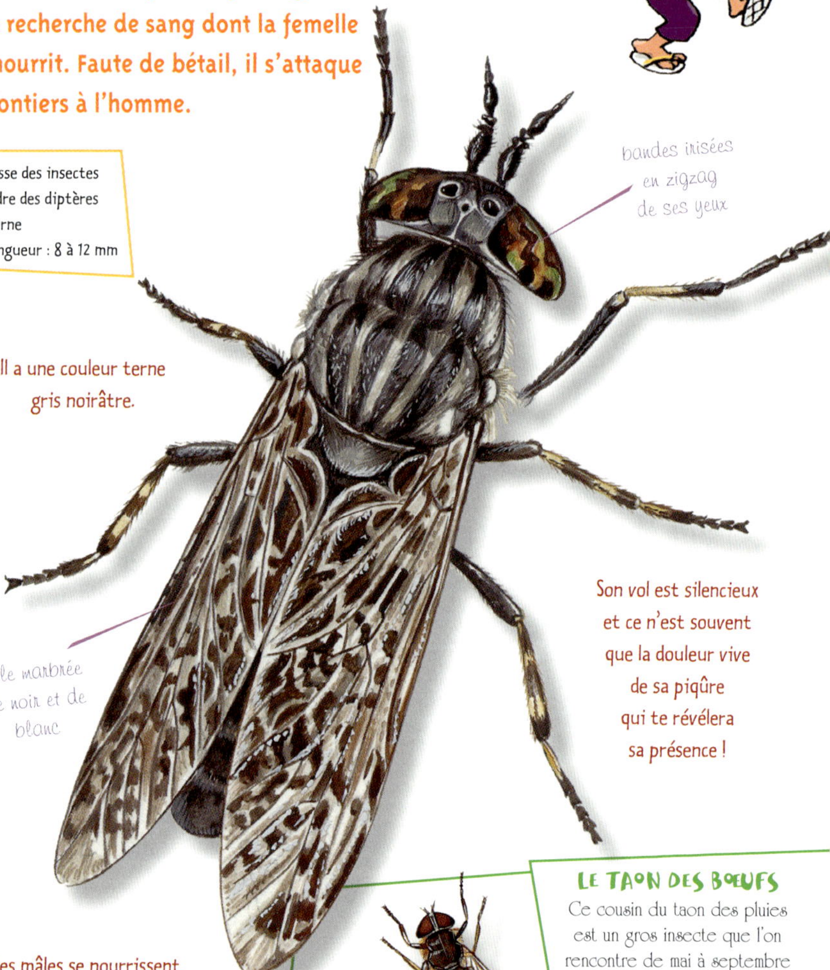

Il a une couleur terne gris noirâtre.

Son vol est silencieux et ce n'est souvent que la douleur vive de sa piqûre qui te révélera sa présence !

Les mâles se nourrissent du nectar des fleurs, alors que la femelle a besoin de sang.

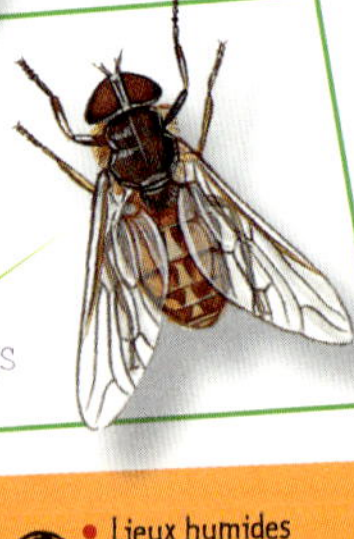

LE TAON DES BŒUFS

Ce cousin du taon des pluies est un gros insecte que l'on rencontre de mai à septembre dans les prairies, souvent près des cours d'eau. Les femelles se nourrissent du sang des vaches et des chevaux.

J F M A M J J A S O N D

- Lieux humides
- Plaines et montagnes

LE SYRPHE À CEINTURES

Episyrphus balteatus

Si tu vois un insecte ressemblant à une guêpe faire du surplace en vol, il s'agit à coup sûr d'un syrphe. Le syrphe à ceintures est le plus répandu et le plus aisément reconnaissable : son abdomen jaune porte des bandes noires regroupées par deux.

LE MIMÉTISME

En imitant la guêpe, le syrphe se ferait passer pour plus dangereux qu'il n'est en réalité, puisqu'il ne pique pas. Cette ressemblance d'une espèce avec une autre ou avec son environnement est appelée mimétisme.

- Classe des insectes
- Ordre des diptères
- Diurne
- Longueur : 8 à 12 mm

NE CONFONDS PAS !

La sésie apiforme ou la guêpe sont deux espèces également jaune et noir mais il n'échappera pas à ton œil averti qu'elles ont des formes et des dessins très différents.

La larve dévore les pucerons et fait ainsi le bonheur des agriculteurs. Cette espèce est en effet considérée comme un auxiliaire des cultures.

UN VRAI BOLIDE

Cette espèce peut atteindre une vitesse de 18 km/h et se déplacer sur près de 100 km en une seule journée.

J F M A M J J A S O N D

- Fleurs des forêts et des jardins
- En plaine et jusqu'à plus de 3 000 m

LA GUÊPE GERMANIQUE

Vespula germanica

Comme la fourmi et l'abeille, la guêpe germanique est un insecte social car elle vit en colonie de plusieurs milliers d'individus. Le nid – ou guêpier – est construit avec une sorte de carton gris, à l'abri de la lumière. Ce matériau est fabriqué à partir de morceaux de bois et d'écorce que les ouvrières mâchent et pétrissent avec leur salive.

- Classe des insectes
- Ordre des hyménoptères
- Diurne
- Longueur : 15 mm

Seule la femelle, pourvue d'un aiguillon, peut piquer l'homme.

La colonie se constitue à partir d'une reine qui a hiverné sous une écorce, dans une cavité ou parfois dans le nid où elle est née.

Elle se nourrit de divers insectes et de substances sucrées comme le nectar des fleurs ou la pulpe des fruits mûrs.

NE CONFONDS PAS !

La guêpe commune présente une tache allongée en forme de triangle sur le front, alors que la guêpe germanique a 3 petites taches distinctes. Le poliste est une autre espèce commune et très ressemblante, mais elle n'est pas recouverte de poils.

J F M A M J J A S O N D

- Jardins, prairies, friches et lisières des bois
- Plaines et montagnes

L'ABEILLE DOMESTIQUE

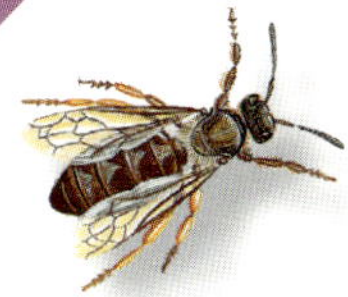

Apis mellifera

Une colonie compte plusieurs milliers d'individus qui appartiennent à trois castes différentes aux rôles bien définis. La reine pond, les ouvrières construisent, entretiennent et font les courses tandis que les mâles (ou faux-bourdons) sont inutiles en dehors de la période de reproduction.

- Classe des insectes
- Ordre des hyménoptères
- Diurne
- Longueur : 15 mm

On l'appelle aussi abeille à miel.

PRATIQUE

Les pattes arrière de l'abeille sont particulièrement adaptées à la collecte et au transport du pollen. Cette fine poudre émise par les fleurs peut ainsi être ramenée à la ruche sous forme de pelotes solidement attachées aux pattes des ouvrières.

Bien que l'homme l'élève depuis plusieurs milliers d'années, elle vit également à l'état sauvage. Elle fait alors son nid dans des arbres creux.

NE CONFONDS PAS !

La guêpe et le frelon ont une apparence plus claire due à la prédominance du jaune et à une pilosité moins importante. Le frelon est trois fois plus gros et fait beaucoup plus de bruit en vol.

J F M A M J J A S O N D

- Tout milieu fleuri, sur le lierre en octobre
- Plaines et montagnes

L'ABEILLE CHARPENTIÈRE

Xylocopa violacea

Cette espèce, que tu peux observer en train de butiner une fleur, ressemble à une grosse abeille noir bleuté. Son corps est presque entièrement recouvert de nombreux poils. Son vol rapide et bruyant la rend menaçante bien qu'elle ne soit pas agressive.

LA LARVE

Tu ne peux pas la voir facilement car elle vit au fond d'une galerie que la femelle a creusée dans une souche, un arbre creux ou la poutre d'une maison.

- Classe des insectes
- Ordre des hyménoptères
- Diurne
- Longueur : 30 mm

On l'appelle aussi xylocope.

LE SAVAIS-TU ?

Bien qu'il vive dans le bois, cet insecte ne s'en nourrit pas. Mais il peut endommager légèrement les poutres d'une maison en y creusant des galeries pour y abriter ses œufs.

J F M A M J J A S O N D

- Milieux fleuris, près des maisons ou des lieux boisés
- Plaines et collines

LE BOURDON DES PIERRES

Bombus lapidarius

Cette espèce très commune se reconnaît à son épaisse fourrure noire dont l'extrémité est rousse. Elle se déplace de fleur en fleur à la recherche de pollen et de nectar. Elle vit en colonies de quelques centaines d'individus dans un nid construit sous de grosses pierres ou dans les fentes d'un rocher.

SOIS ATTENTIF

L'identification de cette espèce est délicate car il existe d'autres bourdons dont la coloration est assez proche.

- Classe des insectes
- Ordre des hyménoptères
- Diurne
- Longueur : 14 à 18 mm (mâles) ; 24 à 27 mm (femelles)

Seules les femelles piquent, et uniquement lorsqu'elles se sentent en danger.

Avant même d'être vu, le bourdon peut se faire repérer par son vol bruyant.

LE SAVAIS-TU ?

Les mâles, la vieille reine et les ouvrières meurent avant l'arrivée de l'hiver. Seules les futures reines vont connaître le printemps suivant en se réfugiant dans une petite loge fermée et située au fond d'une galerie souterraine.

J F M A M J J A S O N D

- Jardins, prairies et forêts
- En plaine et en montagne jusqu'à 2 000 m

LA FOURMI ROUSSE

Formica rufa

Comme toutes les espèces qui vivent en société, les fourmis ont besoin de communiquer. Elles peuvent le faire par simple contact des antennes ou en émettant des odeurs que tu ne peux pas percevoir.

LA FOURMILIÈRE

Son nid est le meilleur indice de sa présence. Il s'agit d'un monticule constitué de débris végétaux qui abrite plusieurs centaines de milliers d'individus. Tu le verras surtout dans les endroits les plus ensoleillés de la forêt.

- Classe des insectes
- Ordre des hyménoptères
- Diurne
- Longueur : 6 à 10 mm

En se nourrissant d'insectes, elle joue un rôle important pour la santé des forêts.

Son abdomen renferme une sorte de venin, l'acide formique, qu'elle utilise contre ses adversaires ou pour tuer des proies.

LE SAVAIS-TU ?

Au mois de mai, c'est la période nuptiale, autrement dit le temps des amours. Tu peux alors observer des individus ailés qui prennent leur envol pour féconder de nouvelles reines. Celles-ci iront ensuite fonder de nouvelles colonies.

DIFFICILE À IDENTIFIER

Par sa coloration et sa taille, *Formica rufa* ressemble à plusieurs autres espèces de fourmis rousses que tu peux également rencontrer dans les bois et qu'il est impossible de différencier sans l'aide d'une loupe.

J F M A M J J A S O N D

- Forêts
- Plaines et partie basse des montagnes

LES LÉPIDOPTÈRES

- LE VULCAIN
- LA PETITE TORTUE
- LE PAON DU JOUR
- LE CITRON
- LE FLAMBÉ
- LE MORO-SPHINX
- LA PROCESSIONNAIRE DU PIN

LE VULCAIN

Vanessa atalanta

C'est une des espèces les plus largement répandue, que l'on peut même observer en plein cœur de l'hiver par une belle journée douce et ensoleillée. À l'automne, il faut la rechercher sous les arbres fruitiers où les adultes viennent en nombre pour se régaler des fruits trop mûrs tombés au sol.

LA CHENILLE

Brun-noir à vert sale avec des bandes jaunes et des épines, elle vit seule à l'abri dans une feuille d'ortie enroulée et serrée par des fils.

- Classe des insectes
- Ordre des lépidoptères
- Diurne
- Envergure : 55 à 60 mm

Son autre nom est l'amiral.

LA MIGRATION

Chaque année, des individus originaires d'Afrique remontent vers l'Europe du Nord au printemps. Leurs descendants repartiront vers le sud à l'automne. Il s'agit d'une migration un peu différente de celle des oiseaux car ce ne sont pas les mêmes individus qui font l'aller et le retour.

Repère les larges bandes rouge orangé qui bordent les ailes postérieures et barrent en diagonale les ailes antérieures.

J F M A M J J A S O N D

- Jardins, prairies, forêts avec orties et fleurs
- Plaines et montagnes

LA PETITE TORTUE

Aglais urticae

Le papillon petite tortue se trouve un peu partout. Si tu es patient et discret, tu pourras observer le comportement bagarreur du mâle : celui-ci pourchasse d'un vol rapide tout intrus qui oserait franchir les limites de son territoire.

- Classe des insectes
- Ordre des lépidoptères
- Diurne
- Envergure : 5 cm

3 GÉNÉRATIONS PAR AN !

Les individus que tu observes au printemps sortent de leur hivernation. Ils vont donner naissance à une deuxième génération qui peut à son tour donner une troisième génération dans la même année, si la météo le permet.

Cette espèce se reconnaît aux 3 larges taches noires situées sur les ailes antérieures.

Son autre nom est vanesse de l'ortie.

LES CHENILLES

Tu les trouveras en groupe sur les feuilles d'ortie dont elles se régalent. Leurs lignes jaunes sur le dos et les flancs te permettent de ne pas les confondre avec les chenilles du paon du jour, également fréquentes sur les orties.

NE CONFONDS PAS !

La grande tortue ne présente pas de grande zone noire sur ses ailes postérieures et le dessous est d'un brun plus uniforme.

J F M A M J J A S O N D

- Friches, jardins, talus
- Plaines et montagnes jusqu'à 3 000 m

LE PAON DU JOUR

Inachis io

Impossible de ne pas le reconnaître lorsqu'il ouvre ses ailes. Les 4 dessins circulaires, appelés « ocelles », te sautent aux yeux. En revanche, posé au sol avec les ailes refermées, il passe facilement inaperçu. La couleur noire et les dessins du dessous des ailes le rendent méconnaissable.

chrysalide

Suspendue la tête en bas, la chenille devient chrysalide pour une quinzaine de jours avant d'en sortir transformée en papillon.

- Classe des insectes
- Ordre des lépidoptères
- Diurne
- Envergure : 60 mm

LA CHENILLE

Elle vit en groupe.
Si tu regardes attentivement les orties au printemps, tu verras sûrement ces chenilles noires avec de nombreuses épines et de petits points jaunes.

DE FAUX YEUX

Les ocelles situés sur le dessus des ailes, en évoquant des yeux, sont là pour tromper les prédateurs potentiels en leur donnant l'impression qu'ils sont face à un animal plus gros.

J F M A M J J A S O N D

- Tout milieu fleuri
- Plaines et montagnes

LE CITRON

Gonepteryx rhamni

Cette espèce est facilement reconnaissable par la présence d'une petite pointe et d'une tache orange sur chaque aile. On distingue le mâle de la femelle par la couleur des ailes. Celles du mâle sont d'un jaune citron alors que celles de la femelle sont plus claires, entre blanc et vert pâle.

- Classe des insectes
- Ordre des lépidoptères
- Diurne
- Longueur : 50 à 55 mm

UNE HIVERNATION LÉGÈRE

Tu peux observer des individus même en plein hiver. Il faut pour cela regarder attentivement le feuillage d'un lierre, mais sans le remuer. Les adultes s'y réfugient pour hiverner. Ils peuvent se réveiller à tout moment, dès que la température est suffisamment douce.

LA CHENILLE

Verte et rayée de blanc sur les côtés, elle vit seule sur la plante hôte où elle passe souvent inaperçue ; seules ses traces de grignotage sur les feuilles la trahissent.

Il faut à peu près 2 mois pour boucler le cycle complet de l'œuf au papillon.

J F M A M J J A S O N D

- Jardins, haies, lisières forestières, talus
- Du niveau de la mer jusqu'à 2 000 m

LE FLAMBÉ

Iphiclides podalirius

Ce papillon majestueux au vol plané se reconnaît à la présence de 6 bandes transversales noires sur les ailes antérieures. Certains individus donnent l'impression de ne jamais s'éloigner de la même zone. Il s'agit là d'un comportement qualifié de territorial et qui est souvent le fait des mâles.

- Classe des insectes
- Ordre des lépidoptères
- Diurne
- Envergure : 8 cm

La plante favorite du flambé est le prunelier.

LE SAVAIS-TU ?

Lorsque la chenille se sent en danger, elle fait ressortir un petit organe orangé situé derrière sa tête. Celui-ci diffuse une odeur désagréable destinée à repousser l'agresseur.

Les sexes sont presque semblables. La femelle est plus grande et souvent plus claire.

NE CONFONDS PAS !

Le machaon ne présente pas les bandes transversales noires.

UNE CHENILLE CAMÉLÉON

À la sortie de l'œuf, la chenille, noire avec 2 taches claires jaune-vert, ressemble à une déjection d'oiseau. Elle déjoue ainsi l'attention des prédateurs. Après la première mue, la larve, devenue verte, possède des dessins qui la font ressembler à une feuille. Puis des taches brun-rouge, semblables à celles se formant sur les feuilles vieillissantes, apparaissent sur son corps.

J F M A M J J A S O N D

- Friches, jardins et vergers en terrain sec et chaud
- Plaines et montagnes jusqu'à 1 500 m

LE MORO-SPHINX

Macroglossum stellatarum

Voler sur place, en marche arrière ou partir subitement de côté, ce papillon sait presque tout faire dans les airs. Il est pratiquement impossible de l'attraper. Ses ailes battent si vite qu'on ne voit qu'un vague brouillard.

- Classe des insectes
- Ordre des lépidoptères
- Diurne
- Longueur : 30 mm

Il se nourrit exclusivement de nectar qu'il va chercher au fond des fleurs à l'aide de sa très longue langue, sans se poser.

Les individus hivernant dans le sud de la France peuvent être parfois observés en plein hiver.

EN VOL

Ce papillon aspire le nectar des fleurs en plein vol, comme de célèbres petits oiseaux, les colibris ; d'où son autre nom, le sphinx-colibri.

MIGRATION

C'est une espèce migratrice qui effectue de grands voyages. En hiver, elle se réfugie dans le sud de l'Europe et en Afrique du Nord. Au printemps, elle peut parcourir plusieurs centaines de kilomètres pour atteindre le nord de l'Europe.

J F M A M J J A S O N D

- Ville et campagne ; jardins, talus, dunes...
- Plaines et collines

LA PROCESSIONNAIRE DU PIN

Thaumetopoea pityocampa

L'adulte étant difficile à observer, ce sont surtout les processions des chenilles qui attireront ton regard. Les cocons qu'elles forment au bout des branches de pin sont également des indices de présence de l'espèce. Mais il ne faut surtout pas toucher aux chenilles dont les nombreux poils contiennent une substance irritante.

- Classe des insectes
- Ordre des lépidoptères
- Nocturne
- Longueur : 35 à 40 mm

La procession peut atteindre plusieurs mètres sur les troncs ou au sol.

LA LARVE

La larve vit en groupes de 100 à 150 individus, à l'abri d'un gros cocon tissé à l'extrémité d'une branche. Les chenilles quittent ce nid la nuit pour aller manger des aiguilles de pin ou de cèdre. À la fin de l'hiver, elles descendent en procession le long du tronc jusqu'au sol pour s'y enfouir et se transformer en papillons.

LE SAVAIS-TU ?

Lors de la procession, si une chenille perd le contact, celle qui est juste devant elle s'arrête puis recule ; et de proche en proche jusqu'à la première, toutes les chenilles en font autant afin de récupérer la retardataire.

papillon
J F M A M J J A S O N D

chenille
J F M A M J J A S O N D

- Forêts, parcs et jardins avec pins ou cèdres
- Plaines et collines, surtout au sud de la Loire

AUTRES INSECTES

- LE GENDARME
- LA PUNAISE RAYÉE
- L'ARAIGNÉE D'EAU
- LE PUCERON DU ROSIER
- LA CHRYSOPE
- LE GRILLON CHAMPÊTRE
- L'ŒDIPODE TURQUOISE
- LA GRANDE SAUTERELLE VERTE
- LE POISSON D'ARGENT
- LE PERCE-OREILLE
- L'AGRION ÉLÉGANT
- L'ORTHETRUM RÉTICULÉ

LE GENDARME

Pyrrhocoris apterus

Cette punaise très commune s'observe facilement au pied des platanes ou des tilleuls. Elle se rencontre également sur certaines plantes comme la mauve. Friande de graines et de fruits, elle peut aussi sucer les cadavres d'insectes. C'est pourquoi tu peux tomber sur un individu qui pique un insecte mort.

- Classe des insectes
- Ordre des hémiptères
- Diurne
- Longueur : 10 mm

Le gendarme vit en groupe, et l'on peut voir de nombreux individus se réchauffant au soleil printanier.

La larve ressemble à l'adulte, mais en plus petit et avec une couleur rougeâtre ou orange uni.

Son autre nom est le cherche-midi.

QUI M'AIME ME SUIVE

En avril ou mai, tu peux observer des individus se déplaçant par deux, reliés par l'extrémité de leur abdomen : il s'agit d'un mâle et d'une femelle qui s'accouplent.

NE CONFONDS PAS !

Cette punaise prédatrice a les pattes en grande partie rouges et le bord de l'abdomen quadrillé de noir et rouge.

J F M A M J J A S O N D

- Bois, jardins, villes
- Plaines et collines

LA PUNAISE RAYÉE

Graphosoma italicum

On l'appelle aussi graphosome italien.

En plein été, cette espèce se rencontre souvent sur les ombellifères, des plantes dont les fleurs blanches groupées forment une sorte de galette. Elle passe difficilement inaperçue avec ses rayures noir et rouge.

BEURK !

Sa coloration vive avertirait les prédateurs de son goût désagréable.

- Classe des insectes
- Ordre des hémiptères
- Diurne
- Longueur : 10 mm

Les pattes et les antennes sont noires.

LA PUNAISE VERTE

Certaines punaises, comme *Nezara viridula*, sont plus difficiles à voir car elles sont vertes comme des feuilles. Tu peux reconnaître cette dernière aux 3 petites taches blanches qu'elle porte sur son dos.

NE CONFONDS PAS !

Le graphosome ponctué vit uniquement dans la région méditerranéenne. Il a des pattes rouges et des points au lieu de lignes sur son pronotum.

punaise rayée

graphosome ponctué

LA LARVE

Elle a la même forme que l'adulte mais sans rayures. Sa coloration est rouge-orange. Comme les adultes, elle se nourrit de la sève de diverses plantes en les piquant à l'aide de son rostre.

J F M A M J J A S O N D

- Jardins, friches, lisières forestières
- Plaines et collines

L'ARAIGNÉE D'EAU

Gerris sp.

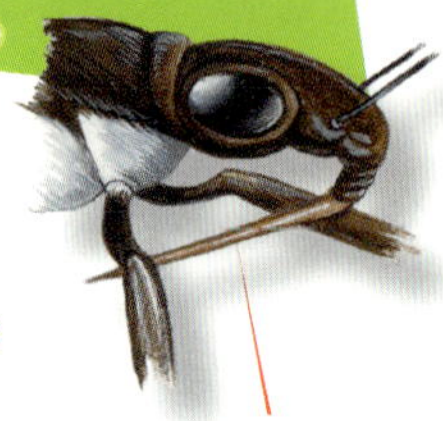

Contrairement à ce que laisse penser son nom, l'araignée d'eau, avec ses 6 pattes, n'est pas une araignée. Cette grêle punaise prédatrice est relativement commune. Tu verras de petits groupes se déplacer par saccades à la surface de l'eau, à la manière des patineurs, capturant avec rapidité les insectes qui y tombent. Elle les saisit au moyen de ses pattes antérieures puis les vide de leur contenu avec son rostre.

- Classe des insectes
- Ordre des hémiptères
- Diurne
- Longueur : 8 à 10 mm

LA LARVE

Il existe chez cette espèce des formes ailées et des formes aptères. En cas d'assèchement, les formes ailées sont capables de voler jusqu'à un autre point d'eau.

Ses 2 paires de pattes postérieures sont positionnées en X.

On l'appelle aussi par son nom scientifique, le gerris.

NE CONFONDS PAS !

L'hydromètre marche également sur l'eau, mais sa démarche est lente. Pour identifier à coup sûr ces espèces il te faudrait les capturer, au risque de te faire piquer. Si l'insecte se déplace par à-coups rapides, il s'agit probablement d'un gerris.

LE SAVAIS-TU ?

Cette espèce est très légère et ses longues pattes fines lui permettent de répartir parfaitement son poids et ainsi de pouvoir marcher sur l'eau. De plus, l'extrémité de ses pattes ne se mouille pas.

J F M A M J J A S O N D

- Eaux calmes : étangs, ruisseaux et rivières lentes
- Plaines et montagnes

LE PUCERON DU ROSIER

Macrosiphum rosae

C'est en regardant attentivement les bourgeons ou la face inférieure des feuilles d'un rosier que tu pourras observer cet insecte ennemi des jardiniers. Certains individus ont des ailes pour pouvoir coloniser d'autres plantes.

- Classe des insectes
- Ordre des homoptères
- Nocturne
- Longueur : 2 à 4 mm

Cette espèce, verte à brun rosâtre, se reconnaît notamment par ses deux petites cornes noires situées à l'arrière du corps.

Les pucerons aptères n'ont pas d'ailes.

ÉLEVAGES DE PUCERONS

Certaines espèces de fourmis entretiennent de véritables troupeaux de pucerons qui leur fournissent du miellat. Il s'agit d'un jus sucré émis à l'extrémité de leur abdomen.

J F M A M J J A S O N D

- Jardins et autres milieux abritant des rosiers
- Plaines et collines

LA CHRYSOPE

Chrysopa sp.

Les ailes disposées en toit sur l'abdomen et la couleur verte sont de bons indices pour reconnaître ce groupe qui compte plusieurs espèces. Son nom est lié à la proie favorite de sa larve : les pucerons.

La larve a des mandibules redoutables en forme de faucille.

- Classe des insectes
- Ordre des neuroptères
- Diurne
- Longueur : 20 mm

Son autre nom est le lion des pucerons.

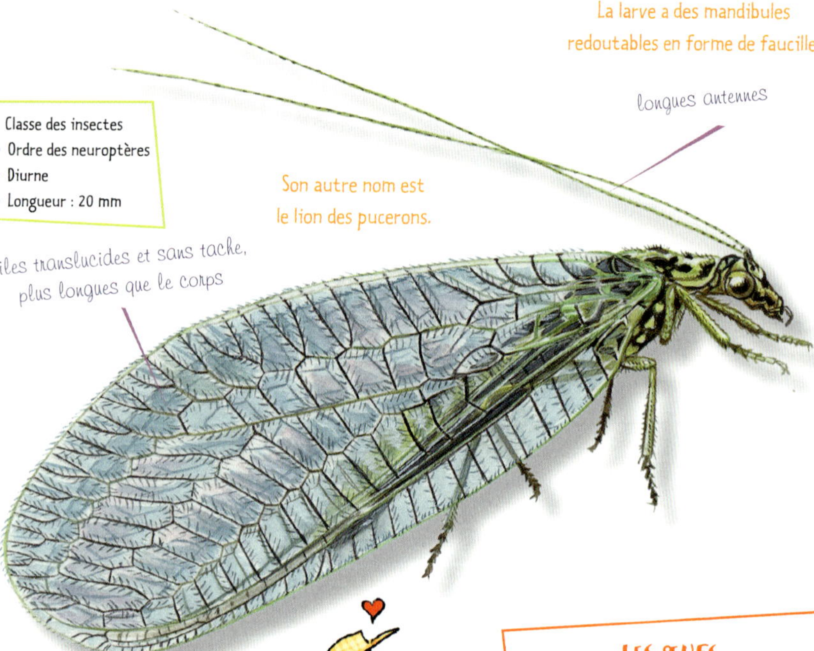

LA LARVE

Très friande de pucerons, elle peut en consommer plusieurs centaines au cours de son développement. C'est donc une précieuse auxiliaire des agriculteurs.

LES ŒUFS

Chaque œuf est situé au bout d'un court filament de plusieurs millimètres appelé pédicelle.

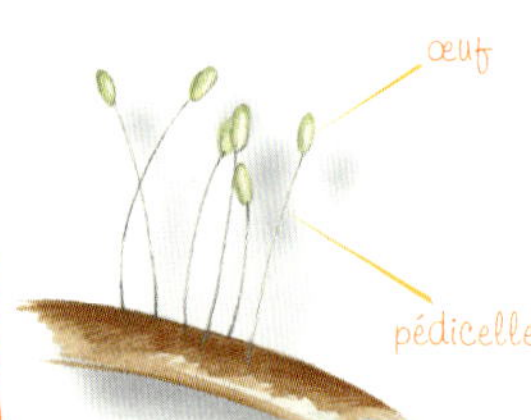

J F M A M J J A S O N D

- Haies, bois et parcs, parfois dans les maisons
- Plaines et collines

LE GRILLON CHAMPÊTRE

Gryllus campestris

Ses stridulations, des « tssri » répétés, accompagnent les chaudes journées et soirées d'été. Il te faudra te pencher dans l'herbe des prairies pour identifier l'auteur de ce chant estival qui se tait à ton approche. À l'aide d'un brin d'herbe souple et avec de la patience, tu pourras le faire sortir de son trou.

ALIMENTATION

Les grillons se nourrissent de graminées, de plantes herbacées et de petits insectes.

- Classe des insectes
- Ordre des orthoptères
- Diurne et nocturne
- Longueur : 20 à 26 mm

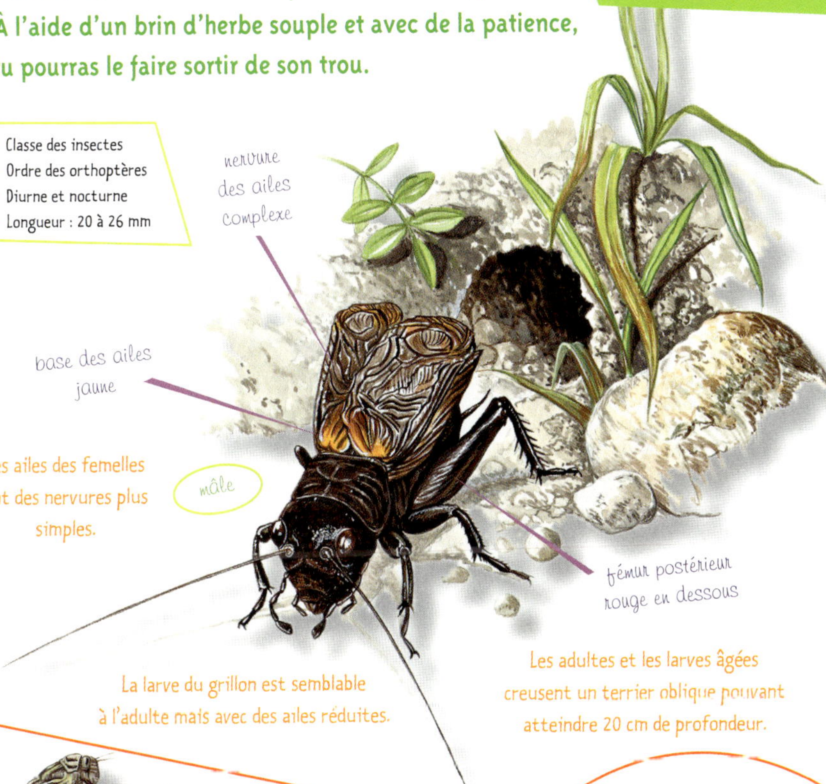

Les ailes des femelles ont des nervures plus simples.

La larve du grillon est semblable à l'adulte mais avec des ailes réduites.

Les adultes et les larves âgées creusent un terrier oblique pouvant atteindre 20 cm de profondeur.

LA CIGALE GRISE

La cigale est une autre célèbre « chanteuse ». Son concert n'a lieu qu'aux heures les plus chaudes de la journée. Seul le mâle chante, pour attirer une femelle ou en signe de protestation s'il est dérangé.

NE CONFONDS PAS !

Le grillon des bois, plus petit, est l'hôte des litières des sous-bois.

J F M A M J J A S O N D

- Broussailles, friches, champs...
- Plaines

L'ŒDIPODE TURQUOISE

Oedipoda caerulescens

Ce criquet affectionne particulièrement les endroits secs et chauds. Il se dissimule parfaitement dans son milieu grâce à ses couleurs mimétiques, très variables en fonction du sol sur lequel il vit : gris, brun-rouge, noir ou blanchâtre. Son camouflage est parfait. Dérangé, il s'envole, laissant apparaître ses ailes postérieures d'un bleu éclatant.

- Classe des insectes
- Ordre des orthoptères
- Diurne
- Longueur : 15 à 28 mm

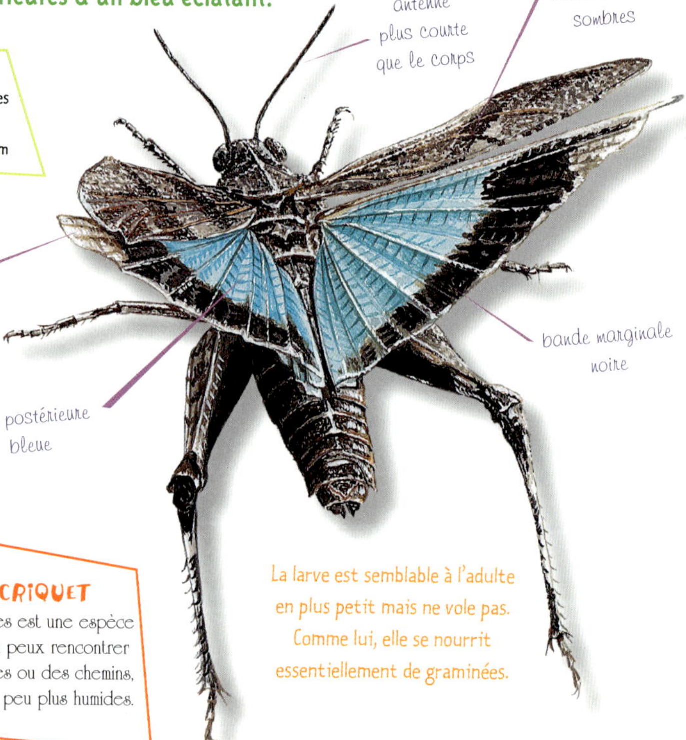

La larve est semblable à l'adulte en plus petit mais ne vole pas. Comme lui, elle se nourrit essentiellement de graminées.

UN AUTRE CRIQUET

Le criquet des pâtures est une espèce très commune que tu peux rencontrer sur le bord des routes ou des chemins, dans des endroits un peu plus humides.

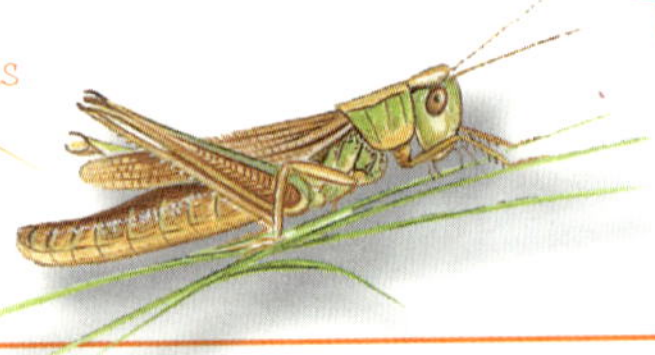

LE SAVAIS-TU ?

Les criquets se distinguent des sauterelles par leurs antennes courtes qui n'atteignent jamais la longueur du corps.

J F M A M J J A S O N D

- Pelouses sèches et pierreuses
- Plaines et montagnes

LA GRANDE SAUTERELLE VERTE

Tettigonia viridissima

Malgré sa grande taille, sa couleur verte lui permet de se camoufler dans la végétation où elle chasse mouches, chenilles et larves. Il faudra que tu sois attentif pour la voir cachée parmi les arbustes et les broussailles.

- Classe des insectes
- Ordre des orthoptères
- Diurne et nocturne
- Longueur : 28 à 42 mm

Ses antennes sont au moins aussi longues que son corps.

SON CHANT

Puissant et strident, il est audible à environ 50 m. Tu peux l'entendre jusque tard dans la nuit.

La femelle dépose ses œufs, semblables à des grains de riz, dans le sol, à l'aide de son oviscapte.

LA MANTE RELIGIEUSE

Une autre grande chasseresse se dissimule dans la végétation, à l'affût du moindre mouvement : c'est la mante religieuse. Tout insecte passant à sa portée est capturé par les pattes avant munies de puissantes épines. Au repos, ces pattes maintenues devant le thorax donnent à la mante une attitude de prière, d'où son nom de religieuse.

J F M A M J J A S O N D

- Pelouses et landes sèches et ensoleillées
- Plaines et montagnes

LE POISSON D'ARGENT

Lepisma saccharinum

Son corps a la forme d'une carotte aplatie se terminant par trois « queues ». Cet insecte est couvert d'écailles gris métallique qui lui donnent sa couleur argentée. Il se nourrit de nombreux débris minuscules qu'il trouve dans nos maisons (papier, miettes de pain…). Tu pourras le surprendre la nuit, en allumant la lumière.

- Classe des insectes
- Ordre des thysanoures
- Nocturne
- Longueur : 9 à 13 mm

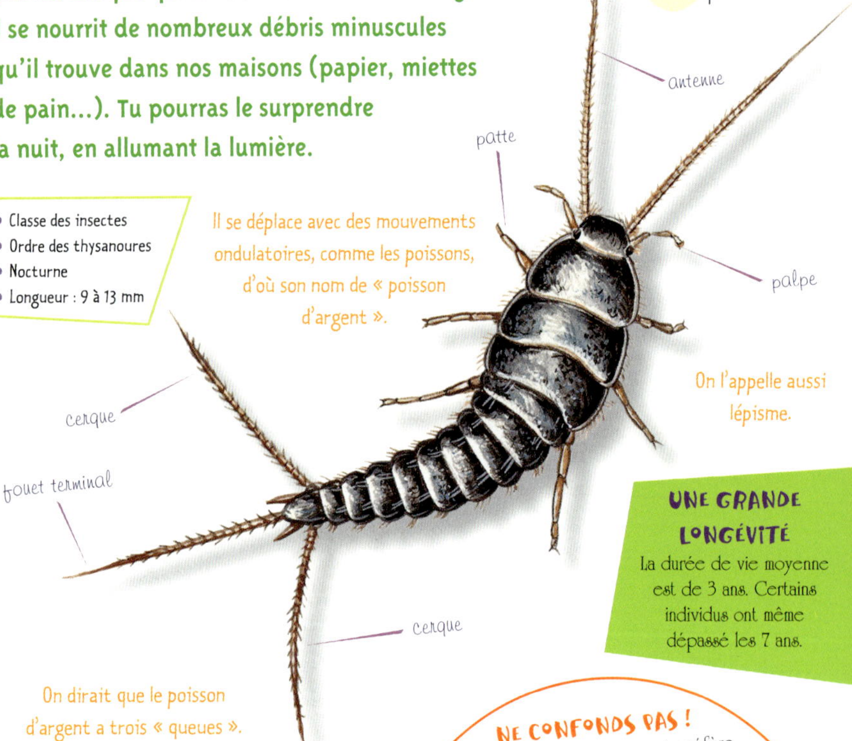

Il se déplace avec des mouvements ondulatoires, comme les poissons, d'où son nom de « poisson d'argent ».

On l'appelle aussi lépisme.

UNE GRANDE LONGÉVITÉ

La durée de vie moyenne est de 3 ans. Certains individus ont même dépassé les 7 ans.

On dirait que le poisson d'argent a trois « queues ». En fait, il a deux cerques et un fouet terminal.

NE CONFONDS PAS !

La thermobie est brunâtre et préfère les endroits chauds. Tu la trouveras près des radiateurs. En forêt tu pourras voir une autre espèce très ressemblante, la dilta. Elle vit parmi les feuilles mortes ou sous les écorces d'arbres morts.

LA LARVE

Blanche à sa naissance, elle ressemble aux adultes, mais elle ne prendra sa couleur argentée caractéristique que 3 à 4 semaines plus tard.

J F M A M J J A S O N D

- Lieux humides des maisons
- Plaines et collines

LE PERCE-OREILLE

Forficula auricularia

Son nom lui a valu de nombreuses croyances. Cette mauvaise réputation s'avère totalement injustifiée car il n'a jamais pincé ou percé aucune oreille. Totalement inoffensif, il se glisse durant la journée dans la moindre anfractuosité, entre les pierres, sous les écorces. Il se nourrit de racines, bourgeons, fleurs, feuilles et fruits mais également d'insectes.

- Classe des insectes
- Ordre des dermaptères
- Nocturne
- Longueur : 10 à 16 mm

Son autre nom est forficule.

Son corps très plat lui permet de se faufiler partout.

LE SAVAIS-TU ?

Le perce-oreille peut très bien voler. De petits élytres rectangulaires protègent une paire d'ailes membraneuses qui se replient comme un portefeuille selon un processus digne de l'origami (art traditionnel japonais du papier plié).

UNE MÈRE MODÈLE

La femelle du perce-oreille fait preuve d'un instinct maternel rare chez les insectes. À l'abri dans une loge, elle va prendre soin de ses œufs en les nettoyant. Après l'éclosion, elle va nourrir les larves, qui n'ont pas encore d'ailes, les rassembler et les protéger.

J F M A M J J A S O N D

- Sous les écorces, sous les pierres...
- En plaine et en montagne jusqu'à plus de 1 000 m

L'AGRION ÉLÉGANT

Ischnura elegans

L'agrion élégant est une demoiselle très commune. Contrairement aux libellules qui ont les ailes à plat lorsqu'elles sont posées, les demoiselles replient leurs ailes au-dessus de leur abdomen. Leur corps est plus fin, et leur vol moins rapide permet de les capturer plus facilement.

- Classe des insectes
- Ordre des odonates
- Diurne
- Longueur : 30 mm
- Envergure : 35 à 40 mm

LA LARVE

Elle est aquatique et se nourrit de petits invertébrés.

Parfois, le mâle et la femelle volent en « tandem » ; ils sont accrochés l'un à l'autre par l'extrémité de leur abdomen.

NE CONFONDS PAS !

Le mâle de l'agrion nain lui ressemble beaucoup. En regardant de près l'extrémité de son abdomen, tu verras que la partie bleue ne se situe pas exactement au même endroit.

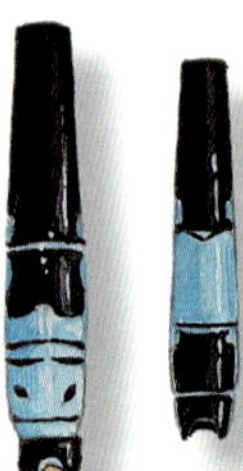

J F M A M J J A S O N D

- Eaux stagnantes, lacs, ruisseaux et tourbières
- Plaines et montagnes jusqu'à plus de 1 000 m

L'ORTHETRUM RÉTICULÉ

Orthetrum cancellatum

Si tu rencontres cette libellule, fais-toi discret et tu pourras assister à un combat aérien. Alors qu'elle est au repos, posée sur une branche ou une feuille, elle s'envolera brusquement au passage d'un autre individu et le pourchassera pour l'éloigner. Ce n'est pas la seule espèce de libellule à avoir ce comportement dit « territorial ».

Chez certaines libellules, la femelle abandonne ses œufs sans se poser, en frappant l'extrémité de son abdomen contre la surface de l'eau.

- Classe des insectes
- Ordre des odonates
- Diurne
- Longueur de l'abdomen : 30 à 35 mm

La femelle a un abdomen jaune avec des traits noirs.

LA MUE

Contrairement à ses parents, la larve vit dans l'eau, qu'elle ne quittera que pour se transformer en adulte. En regardant attentivement les plantes situées au bord de l'eau en mai et juin tu tomberas peut-être sur une mue. Il s'agit de l'enveloppe translucide à l'intérieur de laquelle la métamorphose a eu lieu.

J F M A M J J A S O N D

- Étangs, gravières, partie calme des cours d'eau
- Plaines et montagnes jusqu'à 1 000 m

INDEX

DANS LA MÊME COLLECTION

- Les arbres (automne 2007)
- Les champignons (automne 2007)
- Les fleurs sauvages
- Les petites bêtes

ILLUSTRATIONS

Illustrations naturalistes : Anne Eydoux

Petits personnages : Lukino

www.editionsmilan.com

Loi 49.956 du 16.07.1949
ISBN : 978-2-7459-2662-3
Dépôt légal : 2e trimestre 2007
Imprimé en France par Pollina - n° L42332A